PÉTITION

AUX DEUX CHAMBRES.

MESSIEURS LES DÉPUTÉS,

Ce serait perdre son temps que de chercher à démontrer les dangers qui menacent chaque jour davantage l'état social en Europe, et particulièrement en France. Tout le monde aperçoit l'abîme entr'ouvert. Si l'ordre paraît régner encore en France, c'est à l'armée seule qu'on en est redevable. Qu'un régiment se laisse gagner, et l'anarchie triomphe! La légitime défense est un droit, pour la société comme pour l'individu. User de ce droit, Messieurs, en faveur du pays dont vous êtes les mandataires, c'est votre devoir et votre intérêt.

Pour s'opposer à un mal, il faut le connaître, se bien rendre compte de ses causes. D'où vient aujourd'hui la haine du grand nombre contre le petit, du pauvre contre le riche, du prolétaire contre celui qui possède? Pourquoi le domestique voit-il son ennemi dans celui qu'il sert, l'ouvrier dans celui qui le fait tra-

1848

vailler, l'habitant de la chaumière dans celui du château? Tout cela est à examiner.

Est-ce donc une injustice que l'inégalité des rangs et des fortunes dans le monde? Non, sans doute, et il est impossible que cette inégalité n'ait pas lieu. Les uns, en effet, ayant de l'intelligence, de la conduite, de l'amour du travail, etc., leur bien-être doit être en raison de ces qualités; tandis que les autres étant ignorants, débauchés, paresseux, etc., leur misère doit être le résultat de leurs défauts. Cette loi ne vient d'aucune puissance humaine, elle descend du ciel. « L'homme doit manger son pain à la sueur de son front. » Qui ne veut pas travailler, doit s'attendre à mourir de faim. Cela est juste, car c'est Dieu qui l'a dit.

Mais cette inégalité qui est juste, est-elle la seule qui pèse sur la majorité des enfants de la France? car c'est à notre pays que je veux restreindre la question. Je ne le crois pas. Depuis longtemps la puissance humaine a ajouté ses rigueurs arbitraires à la juste sévérité de Dieu. Messieurs, on a dit en France : la loi est athée. Si cela est vrai de la loi, cela ne l'est point des législateurs; et c'est sans aucune crainte de m'exposer à un sourire dédaigneux que je poursuis.

Le Roi du ciel, qui a le droit d'être absolu parce qu'il est souverainement juste; ce roi de l'univers, qui règne et gouverne, a donné ainsi au monde le résumé de tous ses commandements : « Tu aimeras le Seigneur, ton Dieu, de tout ton cœur, de toute ta force et de toute ta pensée, et ton prochain comme toi-même. » Si ce résumé, si noblement appelé par l'Ecriture la loi royale, eût été observé, tous les hommes n'auraient composé qu'une immense famille, où le faible eût été soutenu par le fort, où le riche eût partagé avec le pauvre, et nul cœur ne se fût ouvert à d'égoïstes passions. Mais l'histoire sacrée, comme l'histoire profane, nous montre ce grand commandement violé dès le commencement, comme il l'est encore de nos jours.

Longtemps le peuple a supporté toutes les charges de la société. Privé, durant des siècles, de la force que donnent les lumières, la connaissance de ses droits et la puissance d'association, il a été tour à tour, ou en même temps, victime des prétendus droits des nobles, du pouvoir temporel et anti-évangélique des évêques, de l'ambition des rois, et victime surtout de la cruauté et des exactions de tous leurs subalternes. Le temps, dans sa course, a jeté sur le monde des guerres, des catastrophes et des révolutions : il a brisé de vieilles puissances et en a fait surgir de nouvelles. A sa suite, la civilisation lentement a marché. Les plus grandes misères du peuple ont pris fin; ses chaînes sont tombées. Que dis-je? De serf qu'il était chez nous, il est devenu souverain; et quand les nobles et les prêtres ont voulu, derrière le trône, abriter leurs priviléges, le canon des Sections, roulant derrière le tableau des droits de l'homme, a balayé trône, sacerdoce et noblesse.

Mais ce souverain était un monarque d'une nouvelle espèce. Il avait conquis des droits dont il n'avait que faire, et, sous le rapport de son bien-être, il n'avait rien gagné. Il était roi en guenilles et souvent sans pain. Depuis la sanglante éclipse de la royauté, les convulsions de l'anarchie, les coalitions de la vieille Europe, la création de l'Empire et sa double chute; la double restauration des Bourbons et leur double ostracisme, tout cela peut-être avait trop agité nos destinées pour permettre à ceux qui essayaient de les diriger de chercher la solution des grands problèmes sociaux, source toujours réelle et presque toujours méconnue des révolutions des empires. Mais depuis qu'à la place d'un roi de France de droit divin, imposé par l'Etranger, un roi des Français, choisi par les Français, a pris place sur le trône constitutionnel; depuis que, grâce à sa sagesse, la France jouit d'une paix plus longue que rarement on n'en a vu, on a pu aborder ces grandes questions, et, dans des études approfondies, en trouver les solutions. Ah! si, dans le calme dont on a joui, on a eu l'imprévoyance de les négliger, il n'y a plus de temps à perdre pour s'en occuper. Le communisme est à votre porte, menaçant au nom (profané par lui) de la justice et de l'égalité.

Considérons, Messieurs, ce qui se passe autour de nous. Jus-

qu'à la révolution de Juillet, les lumières s'étant progressive-
ment répandues, leur marche avait été lente; mais le ministère
de 1833, s'écartant en cela de ses maximes prudentes de juste
milieu, donna à l'instruction du peuple une impulsion prodi-
gieuse, et de beaucoup supérieure à ses besoins. Aujourd'hui,
partout, dans les villes, dans les campagnes, tout le monde lit,
et tout le monde ne lit que de mauvais livres et de mauvais
journaux, dans lesquels on flatte les plus mauvaises passions de
l'homme, on renverse les notions du juste et de l'injuste, on
détruit tout respect pour ce qui est respectable, et enfin l'on ne
fait que répéter au peuple, dans ces écrits et dans ces drames
où il se porte en foule, que lui seul, juste et vertueux, traîne
dans la misère et le travail une existence douloureuse, tandis
que le riche, plein de vices et d'impuretés, passe sa vie au milieu de toutes les jouissances matérielles. Ainsi, Messieurs, sous
cette influence empoisonnée, chaque jour la haine du peuple
augmente contre toute espèce de supériorité; et, pour renverser
votre ordre social, il n'attend qu'une occasion favorable.

Tout en condamnant ces corrupteurs du peuple et l'incurie
du Gouvernement, qui n'a rien opposé au torrent de cette fange,
faisons une réflexion, Messieurs; c'est que tous ces flatteurs du
peuple, ces excitateurs de ses plus mauvais instincts, n'eussent
jamais produit une exaspération pareille à celle qui existe au milieu de nos populations, si de véritables griefs n'avaient point
servi de base à leurs déclamations. Reconnaissons ces griefs, et
redressons-les sans perdre de temps. Le danger est plus pres-
sant qu'on ne croit; je ne puis assez, Messieurs, vous le répéter.
Vous opposerez, je le sais, des baïonnettes aux émeutes; mais
craignez qu'un jour, au milieu du péril, elles ne refusent de
frapper. Commencez par faire droit, vous punirez ensuite. On
est fort pour réprimer quand on a fait justice.

J'ai des requêtes à vous présenter dans ce double but; dai-
gnez leur accorder votre attention.

Messieurs, l'examen le moins approfondi vous montrera que
ce n'est pas sans fondement qu'on dit aux classes pauvres

qu'elles supportent presque toutes les charges et que les riches
en sont exempts. Je n'attaque pas le chiffre énorme des budgets
que vous votez. Il est bon qu'une nation comme la France s'im-
pose des sacrifices pour se maintenir en tout aux premiers rangs.
Mais il faut que la justice et l'humanité président à la répartition de ces sacrifices, et je nie qu'il en soit ainsi chez nous.
Que faut-il pour que l'impôt soit juste? Il faut qu'il frappe pro-
portionnellement à la richesse, et qu'aucune fortune, quelle
qu'en soit la source, ne lui échappe. En est-il ainsi dans notre
pays? Encore une fois, non. Qu'y voyons-nous en effet?

Un père qui ne possède qu'une pauvre chaumière pour abriter sa famille, et un champ pour lui fournir quelques pommes
de terre, paie rigoureusement sa part de vos recettes; tandis
que le riche dont la fortune consiste en rentes sur l'Etat, en
obligations hypothécaires, en actions de banque ou de chemins
de fer, etc., etc., ne paie rien, ou tout au plus qu'une modique
contribution personnelle et mobilière; tandis que les fonction-
naires publics de tous les ordres, dont quelques-uns, ministres,
receveurs-généraux, etc., qui possèdent des traitements dépas-
sant 100,000 francs, ne paient que cette même contribution.
Le voiturier qui nourrit sa famille de la location d'un char-à-
bancs, paie un droit au Trésor, tandis que les équipages qui rem-
plissent les remises du riche sont exempts de toute taxe. Ce
même pauvre voiturier, outre ses journées de prestation personnelle pour les chemins, fournit encore un jour de travail de ses
chevaux; tandis qu'à côté de lui, le rentier qui a 50,000 francs
de revenu, n'est sujet qu'à la même prestation s'il a des chevaux,
et à une beaucoup moins lourde s'il n'en a pas. On assure que
dans le remaniement des patentes la moyenne des plus élevées
aurait été diminuée, tandis que la moyenne des plus basses qui
pèse sur la portion la plus pauvre du peuple aurait été augmen-
tée. L'égalité dans la répartition des impôts existât-elle, comme
on l'assure, cette égalité serait encore une injustice. Quand le
pauvre paie comme le riche le lourd impôt du sel, ne pèse-t-il
pas plus sur lui que sur ce dernier? N'en peut-on pas dire

autant de la taxe des lettres, qui, quoi qu'en dise M. Desmousseaux de Givré, dont je respecte les intentions, pèse plus qu'on ne croit sur le cœur des pauvres. Que dirai-je de l'octroi, de bien d'autres choses, et surtout de la conscription?

Pour me résumer sur la première partie de cette pétition, je dirai, sans entrer dans l'examen des meilleurs systèmes d'impôts, que je ne trouve bon que ce qui est juste; qu'il faut par conséquent, selon moi, diminuer les charges du pauvre et atteindre et grever tous les genres de fortune, et pour y parvenir, je demande :

1º Qu'au 1er janvier 1848, le sel ne coûte plus que 20 c. le kilogramme.

2º Que le prix des lettres du poids ordinaire soit réduit à 1 décime pour le même département, et à 2 décimes pour toute la France.

3º Qu'on avise dans le plus bref délai à supprimer tout à fait, ou du moins à diminuer de beaucoup, les droits d'entrée en France sur toutes les denrées nécessaires à l'alimentation, sur les objets nécessaires à l'habillement, et sur les matières nécessaires aux besoins et aux travaux des classes ouvrières.

4º Que les droits que paie le pauvre voiturier soient abolis.

5º Que les classes indigentes soient affranchies, en tout ou en partie, des prestations.

6º Qu'un impôt sur les chiens soit établi.

7º Que tout homme qui n'est propriétaire que d'une maison ne pouvant loger que sa famille, et d'un champ dont l'étendue n'excède pas 50 ares, ne paie ni impositions foncières, ni de portes et fenêtres.

8º Que les droits de succession soient abolis pour la propriété mentionnée ci-dessus.

9º Que les prestations soient établies en proportion de l'impôt financier et de la taxe sur le revenu, pour qui ne paie pas d'impôts financiers.

10° Qu'un impôt soit établi sur les voitures et les chevaux de luxe, et sur les domestiques mâles.

11° Qu'un impôt progressif soit établi sur le revenu, quelle qu'en soit la source, dont l'impôt foncier sera déduit pour le propriétaire. Que le revenu

de 2,000 à 3,500 fr. paie	1 p. 0/0.
de 3,500 à 5,000 —	2 p. 0/0.
de 5,000 à 10,000 —	3 p. 0/0.
de 10,000 à 30,000 —	4 p. 0/0.
de 30,000 à 50,000 —	5 p. 0/0.
de 50,000 à 70,000 —	6 p. 0/0.
de 70,000 à 90,000 —	7 p. 0/0.
de 90,000 à 100,000 —	8 p. 0/0.
et au-dessus de 100,000 —	10 p. 0/0.

Ces demandes, Messieurs, pourront vous paraître exagérées; elles ne seront qu'à peine suffisantes pour établir quelque justice dans l'assiette de vos impôts. Il n'y a plus à hésiter; le temps des sacrifices est arrivé. Que le riche ne s'abuse point : qu'il cède quelque chose, ou bientôt il aura tout perdu.

Imitons, Messieurs, l'exemple de l'Angleterre. Quand depuis longtemps, le nom de Pitt et de Fox même seront oubliés avec les parlements qui ont marché dans leurs voies, le souvenir du parlement de 1846 et le nom de Robert Peel vivront encore dans la mémoire reconnaissante du peuple anglais. Quel est donc leur grand mérite, demandera-t-on? Leur mérite, Messieurs, est d'avoir reconnu les signes et les besoins des temps, et d'avoir cédé de bonne grâce aux justes exigences de leur époque; comprenant que, de nos jours, le plus grand nombre ne laisse le pouvoir au plus petit... qu'à la condition qu'il s'occupera de tous ses besoins et de tous ses intérêts pour les satisfaire.

Passons maintenant, Messieurs, aux mesures répressives que je crois et nécessaires au maintien de l'ordre social, et utiles en même temps aux classes inférieures elles-mêmes, et qui font l'objet de la seconde partie de cette pétition.

L'une des principales causes de l'état de crise où la société est arrivée, c'est l'augmentation rapide de la population de nos villes et de nos campagnes, et la dégénération physique et morale de cette même population. Le sol cultivé de la France est resté le même depuis longtemps, ainsi que le système de sa culture. Les sources d'alimentation n'ont point augmenté, tandis que les besoins réels et la soif de jouissances se sont prodigieusement accrus, tandis que le dégoût du travail et la faiblesse physique ont suivi la même marche.

Cette vérité, Messieurs, en nous indiquant le mal, nous presse d'en chercher le remède. Augmenter les produits du sol, retarder l'accroissement de la population, la rendre plus forte physiquement, l'améliorer moralement, tels sont les devoirs impérieux imposés aux trois pouvoirs de l'État. En attendant ces résultats, qu'on prévienne les mauvaises passions par une prudence équitable, qu'on les réprime par la force.

M. Michel Chevalier, après bien d'autres économistes, s'effrayait dernièrement du rapide accroissement de la population, et il invitait les classes pauvres et laborieuses à s'imposer en cela des privations aussi bien qu'en d'autres choses. Quand bien même sa voix eût été entendue au delà de l'enceinte où il parlait, je doute que le peuple fut disposé à faire grand cas de ses avis. C'est aux lois qu'il faut donner mission de mettre obstacle au progrès trop rapide dont il se plaint. Ces lois, Messieurs, en atteignant ce but, se trouveront avoir en même temps contribué au bien-être, à la moralité, à la santé et au bonheur du peuple. Je prendrai la liberté de fixer votre attention sur quelques points pour aider à formuler ces lois.

Eh quoi! on trouve qu'avant 21 ans, on est incapable de

prendre des résolutions pour gérer son bien, et pourtant quand il s'agit de l'acte le plus important, c'est-à-dire de choisir un compagnon ou une compagne pour leur vie, on n'exige pas même qu'on ait atteint cet âge. Je sais que les parents peuvent, jusqu'à un certain point, mettre obstacle à ces mariages; mais cette faculté est tout à fait inusitée dans nos campagnes, où parents et enfants, dès que ceux-ci travaillent pour leur compte, deviennent indifférents, si ce n'est ennemis, les uns envers les autres. Qui vous empêche donc d'interdire le mariage avant 20 ans pour une femme, et 24 ans pour un homme? Cette loi sera bien rarement préjudiciable à quelques intérêts, et elle empêchera au contraire beaucoup de mal. En diminuant le nombre des enfants issus des mariages légitimes, on voit facilement que l'interdiction ci-dessus les rendra plus robustes, et pour mieux atteindre encore ce second but, il faut interdire en même temps le mariage à ceux ou à celles qui, de notoriété, ont des difformités et des maladies qui peuvent se propager.

Je demande aussi que le mariage soit absolument interdit à toute personne ne jouissant pas de ses facultés mentales. Dans la petite ville d'où j'ai l'honneur de vous écrire, un idiot, bien connu pour tel, vient d'épouser une idiote comme lui. Cela ne devait pas être souffert. La débauche a fait de si grands progrès que presque partout le nombre des enfants illégitimes est égal, si ce n'est supérieur, à celui des enfants nés dans le mariage. On appelle en général la femme un être faible, et pourtant la loi livre absolument sans défense les filles à la séduction. Sous ce rapport, Messieurs, l'Angleterre nous présente encore un exemple de moralité que nous devrions suivre. Là, la fille séduite a un recours contre son séducteur. Qu'il en soit de même chez nous, où cela existait autrefois. Il n'est pas possible, dira-t-on, de prouver toujours l'origine de l'enfant; si cela ne se peut toujours, cela se peut dans le plus grand nombre des cas.

Dans les pays de forêts, c'est en allant ramasser du bois que se forment beaucoup de liaisons coupables. Il faudrait organiser cette faculté de ramasser du bois, pour en éviter les abus.

Le vice qui dégrade le plus nos populations, celui qui contribue davantage à la ruine de leur fortune et de leur santé, c'est l'ivrognerie; et rien chez nous, Messieurs, ne met le moindre obstacle à ce vice, devenu presque général, particulièrement dans l'Est et surtout dans nos montagnes. Non seulement nous ne le punissons pas, mais nos jurés le prennent pour excuse d'une foule de délits et de crimes. J'ai vu, aux assises de Nancy, un malheureux, que les besoins de sa famille avaient poussé à un vol, condamné à une longue détention : et dans la même session, un homme qui avait tué sa femme parce qu'elle lui reprochait sa mauvaise conduite, condamné à une peine légère, le jury ayant trouvé des circonstances atténuantes dans son état d'ivresse prolongé. Si j'eusse été président, j'aurais eu de la peine à ne point dire à la foule, dans mon indignation : « Vous le voyez; au crime ajoutez le vice, et vous serez traités avec indulgence ! Quand vous voudrez tuer quelqu'un, commencez par vous enivrer, et votre forfait passera presque inaperçu !» Il est temps, Messieurs, d'opposer la loi à cette ignoble passion, de laquelle personne ne rougit plus; passion si dégradante, qui ravale l'homme au-dessous de la brute, et fait, tous les jours de marché, du paysan de nos campagnes, un être plus vil et plus dégoûtant que le porc qu'il vient vendre. Depuis vingt ans que je suis retiré dans cette petite ville, j'y ai vu tripler les cafés, les billards, et décupler au moins les cabarets. Là s'entasse les jours de marché la population des environs. Les ventes à l'enchère s'y font encore la nuit, au milieu des verres et des bouteilles, et tous les jours il arrive qu'un malheureux, en se réveillant du sommeil de plomb de l'ivresse, est tout effrayé de se voir acquéreur d'une pièce de terre à un prix fort au-dessus de sa valeur. L'ivresse à la mode, parce qu'elle est la plus prompte et la moins chère, c'est celle de l'eau-de-vie, et malheureusement c'est celle qui ruine le plus vite et l'intelligence et la santé. Une autre source de misère vient s'ajouter depuis quelques années à toutes les autres : ce sont des bals publics, les jours de foire, et même des jeux de hasard, autorisés à prix d'argent par l'autorité municipale pendant les quatre ou cinq jours de la fête patronale. Que de tentations, que de piéges pour de pauvres gens si peu disposés à résister et qui en y tombant consomment la ruine de leurs familles! Il faut absolument chercher quelque moyen de diminuer et même de détruire un si hideux état de choses.

Vous êtes, Messieurs, les tuteurs du peuple, votre devoir est non de lui plaire, mais de faire dans son véritable intérêt tout ce qui est nécessaire. Les ministres diront que chercher à diminuer la consommation des boissons, c'est encore diminuer les recettes de l'Etat. Voyez, Messieurs, si vous avez plus à craindre de maux par suite de quelque diminution dans cette partie des recettes, que dans l'augmentation rapide des vices que je vous signale! Et d'ailleurs, ne peut-on pas rétablir les 40 millions dont, en 1830, on a dégrévé les contributions indirectes sans en obtenir la moindre reconnaissance? Et même, les impôts dont je demande l'établissement, ne compenseraient-ils pas la diminution en question?

Si chacun de vous, Messieurs, avait été, comme moi, maire d'une petite ville; était entré dans tous les détails où j'ai pénétré; avait vu toutes les misères physiques et morales que j'ai vues; avait considéré que les vices que je signale, en amenant la plus grande pauvreté, forcent une famille entière d'habiter la même chambre et d'occuper souvent le même grabat; s'il avait vu les saletés, les adultères et les incestes qui en résultent; enfin, si son regard avait percé jusqu'au fond de ces abîmes de fange, il en serait épouvanté! Un fonctionnaire d'un rang élevé me disait dernièrement : « Le mal est trop grand, on ne peut rien faire pour l'empêcher. » Vous ne parlerez pas ainsi, Messieurs; avec le courage de voir le mal, vous aurez celui d'y chercher des remèdes. Voici ce que j'ose vous conseiller.

En me résumant, je demande :

1º Que le mariage soit interdit avant l'âge de 24 ans pour un homme, et avant celui de 20 ans pour une femme.

2º Que le mariage soit interdit entre personnes dont l'une (ou toutes les deux) aurait quelque difformité ou maladie héréditaire, ou serait privée du sens *commun*.

3º Que le séducteur d'une fille soit condamné à l'épouser ou à lui payer des dommages et intérêts, et à nourrir et à élever l'enfant jusqu'à sa majorité; et que la fille qui a passé 20 ans et qui est en récidive, soit punie de la prison avec exposition.

4º Que la loi punisse de la prison tout homme, ou toute femme (car l'ivrognerie est aussi fréquente chez les femmes que chez les hommes dans nos montagnes), qui sera trouvé dans l'état d'ivresse.

5º Qu'il soit interdit, sous peine de même châtiment, aux cabaretiers, de donner à boire aux jeunes gens déjà ivres, et à tout enfant au-dessous de 18 ans.

6º Que les patentes de ceux qui tiennent cafés, billards et cabarets, soient notablement augmentées.

7º Que le droit sur l'alcool et l'eau-de-vie soit accru.

8º Qu'il soit défendu aux autorités municipales de laisser des bals publics s'ouvrir, les jours de foire et de marché; et que, dans les fêtes dites patronales, elles ne puissent louer ou autoriser les jeux que les lois défendent, quand bien même ces jeux seraient cachés sous de nouveaux noms, comme cela se pratique dans ce pays.

9º Que les ventes de nuit, celles qui ont lieu dans les cabarets, à quelque heure que ce soit, soient défendues, et que les notaires qui s'y prêteraient soient sévèrement punis.

Messieurs, une crainte, ou plutôt une pensée, me vient en finissant : c'est que vous ne me croyiez un de ces hommes qui voient partout le mal, un misanthrope enfin, heureux quand il peut fronder et accuser ses semblables. Combien vous vous tromperiez! Ce n'est que malgré moi que j'ai constaté les plaies de notre société, et, si je l'ai fait, c'est pressé par le désir ardent d'être utile à mon pays. Si je vous ai demandé des lois pour combattre les vices de notre état social, c'est que j'ai vu les mœurs impuissantes, ou complices du mal. C'est que, dans les humbles fonctions de maire (dont je m'étais naguère chargé, malgré mes infirmités qui devaient m'en empêcher), j'ai vu tout ce que je vous signale, et reconnu que l'égoïsme général s'oppose à ce qu'on puisse rien attendre de la société elle-même, et qu'il n'y a d'espoir de changement que dans les lois que porteront ses mandataires.

Quelques personnes trouveront, j'en suis sûr, draconiennes, quelques-unes des lois que je propose, après avoir trouvé écrasants les impôts dont je demande l'établissement sur le riche. Messieurs, nous avons hérité des idées des philosophes de la fin du siècle dernier, et nous en sommes venus à vouloir, pour les criminels, rebut de la société, des habitations, une nourriture et des égards, dont ne jouit pas la majeure portion des enfants du pays ; et nous avons adouci outre mesure notre Code pénal. Je n'ai pas besoin de vous dire ce que la société a gagné à cette niaise philanthropie. Ce n'est pas avec de l'eau de rose que nous guérirons les ulcères de l'état social. Il y faut des remèdes plus efficaces.

Parfois on a obtenu, de l'influence de la religion et des efforts des hommes de talent et de génie, l'amélioration des mœurs d'une nation : il serait puéril de rien espérer de pareil aujourd'hui en France. Quel tableau présentons-nous en effet sous le rapport religieux? Une personne sur cent, peut-être, voit dans le christianisme le fait d'un immense amour, par lequel le Dieu trois fois saint réconcilie avec lui l'homme insensé et coupable qui a violé ses lois et repoussé son amour. La moitié des quatre-vingt-dix-neuf autres est incrédule; la moitié de l'autre moitié croit que la religion ne consiste qu'en des pratiques, par lesquelles elle peut compenser son égoïsme et sa soif du luxe et de jouissances matérielles; le reste, enfin, ne connaît que les superstitions les plus grossières, alliées à toute espèce d'immoralités.

Et de la littérature du temps, qu'en disons-nous encore, Messieurs, après en avoir déjà parlé au commencement de ce Mémoire? L'aimable et pur Andrieux, dont la faible voix était naguère écoutée dans un silence si plein de douceur et de recueillement, Andrieux me disait un jour : « Je ne donnerais pas deux sous de toute la littérature du monde, si elle ne servait à rendre l'homme meilleur. » — Tous ceux qui de loin nous entendent nous placer modestement à la tête de la civilisation, doivent penser que notre littérature est inspirée par de tels sentiments, et qu'une telle littérature peut seule plaire à la société française. Comme ils seraient surpris, arrivés en France, ceux qui de loin auraient ainsi pensé, en voyant ces horribles drames, feuilletons et romans, que s'arrachent chez nous grands et petits, pauvres et riches, nobles et roturiers! ouvrages dont la lecture et la représentation ont à se reprocher la moitié des délits et des crimes commis depuis vingt-cinq ans. Mais, après cette surprise, viendrait la supposition que les trois pouvoirs de l'État, à qui sont confiés les plus chers intérêts du pays, font ce qu'ils peuvent pour empêcher ou diminuer le mal produit par cette honteuse, cette dégradante, cette coupable littérature, qui ne présente à l'homme imitateur que des tableaux d'orgies, de débauches, de vols, d'homicides, d'empoisonnements, etc. Cette supposition serait-elle fondée, Messieurs? je le demande à tous ceux qui composent ces pouvoirs de l'Etat. A-t-on fait ce qu'on a pu? La main sur la conscience, qu'on nous dise ce qu'on a fait...

Ce qu'on a fait? On a donné des pensions, des titres, des dignités, des honneurs, aux chefs de cette cohorte d'empoisonneurs d'âmes. On a placé la croix de l'honneur sur les cœurs d'où se sont échappés ces flots d'immoralité. Ce qu'on a fait, Messieurs? Un scandale récent, qui a retenti jusqu'au milieu de vous, ne nous l'a que trop appris.

Eh! quoi, dira-t-on, ne faut-il pas récompenser le talent? Oui, il faut le récompenser, mais quand il s'exerce au profit moral de la société, et non quand il renverse ce qui lui reste de vertu. Si le génie seul, et sans considérer son influence, mérite d'être honoré.., à côté du temple du Dieu vivant, dressons un autel au Prince des ténèbres.

Non, mille fois non, le talent seul ne mérite rien. C'est le talent qui perfectionne, le talent qui dirige l'âme vers Dieu et lui inspire la vertu; c'est le talent bienfaisant, qu'il faut honorer; et quant à celui qui agit en sens inverse, il doit être garrotté, et puni s'il brise ses liens.

Je m'arrête... Je n'ai pas eu la prétention d'indiquer tout ce qu'il y aurait à faire, dans la position critique où nous nous trouvons, ni de formuler, d'une manière précise, toutes les lois desquelles j'attends le salut de notre société. Ce que je désire, ce que j'espère, c'est que, convaincus de la plupart des faits et de l'efficacité des remèdes dont je vous ai entretenus, quelques-uns d'entre vous, plus éclairés que moi, veuillent prendre l'initiative des mesures indispensables pour nous sauver. Ce que je souhaite de toutes les puissances de mon âme, et ce que je demande à Dieu avec ardeur, c'est que vous ne vous endormiez point sur la pente de l'abîme.

Bruyères, 4 avril 1847.

MERLIN DE THIONVILLE,

Ancien Officier supérieur d'artillerie.

NANCY, Imprimerie de VAGNER, rue du Manège, 5.